Salah El Khalfa Beddiari

Adel le Sémite

Ou l'éclipse du printemps

POÉSIE

Dépôt légal, 2013, Imprimé au Canada
Révision : SEK Beddiari
Couverture : Essai de calligraphie, Artiste inconnu,
XVIe siècle
Édition électronique : Hélène Meunier

Les Éditions BEROAF
2322, St-Jacques, Montréal, Québec, H3J2M7
Tél. 438 878 9195, www.beroaf.com
Couriel : beddiaris@gmail.com

Catalogage avant publication de Bibliothèque et Archives
nationales du
Québec et Bibliothèque et Archives Canada
Données de catalogage avant publication (Canada)
Beddiari, Salah El Khalfa, 1958-
Adel le Sémite (Collection Poésie)
ISBN 978-2-924206-01-0
I. Titre.
PS8553.E305A62 2014   C841'.6 C2013-942733-3
PS9553.E305A62 2014

BEROAF Distribution
Pour le Québec, le Canada, la France et les États-Unis :

Dépôt légal : 4e trimestre 2013
Bibliothèque nationale du Québec
Bibliothèque nationale du Canada

Salah El Khalfa Beddiari

Adel le Sémite

Ou l'éclipse du printemps

POÉSIE

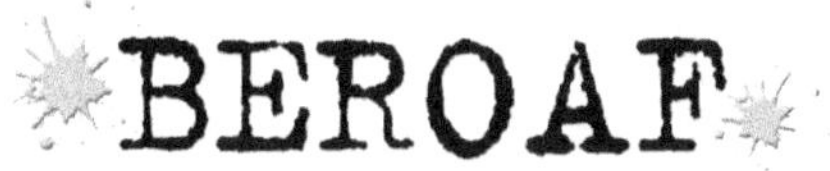

Du même auteur

La mémoire du soleil,
Montréal, l'Hexagone, coll. « Poésie », 2000.

Chant d'amour pour l'été,
Montréal, l'Hexagone, coll.« Poésie », 2001.

Écrire contre le racisme,
Montréal, Les 400 coups, Collectif, 2002.

L'insaisissable Être ou La quête de l'Autre,
Montréal, les Éditions Beroaf, « Poésie », 2014.

100 mots d'amour et de lumière,
Montréal, les Éditions Beroaf, « Poésie », 2013.

Titres et sentences,
Montréal, les Éditions Beroaf, « Poésie », 2014.

Le Joueur,
Montréal, les Éditions Beroaf, « Roman », 2013.

COLLECTION
POÉSIE

L'auteur remercie le Conseil des arts du Canada
pour son soutien à la création.

Liminaire

Dans les monarchies primitives, Adel est un sujet sans objet. Un mouton rêveur, aveuglé par les vents du sable, il ne voit même pas le couteau du sacrificateur. Nourri d'illusions célestes, il est patient, il aura accès à son bonheur dans l'au-delà selon les dires de son imam.

Dans les républiques tribales, Adel est un citoyen sans cité, un homme sans bras ni droits, l'autocrate l'a ainsi décidé, l'uniforme vert pense à sa place, il sera mineur à vie.

Par crainte de voiler la voix de la vérité qu'à dessein de l'asservir, Adel avoue qu'il est un Sémite giflé par tous les vents. Né d'une petite chaleur, Adel a grandi sous de grandes chaleurs. Marqué au fer rouge par un soleil cru, il baigne dans une blancheur orgiaque.

Une blancheur insolente et ostensible l'éclaboussa dès l'enfance. Cet éclat aveugla ses penchants flambants neufs, ses inclinations mâtinées de lumière franche s'invitent partout dans sa tête, sa mémoire, ses souvenirs, sa pensée agissante et passive et celle vive et obstinée.

Partout, dans les pores de sa peau, sur le pavé, là où il se dirige le feu, la fumée, le caoutchouc chatouillent le flair de ses instincts.

Adel tourne en rond depuis longtemps, mais des fois, quand il regarde droit dans les yeux des imposteurs, des têtes couronnées semblent perdre leur équilibre et commencent à tomber l'une après l'autre comme des fruits trop mûrs, pour ne pas dire pourris.

Quelle trace ou quelle transe ce destin de plomb engendrera-t-il?

I

Adel et le drone impérial

Adel pose une sandale devant l'autre
cela veut dire qu'il marche, il marche seul
il s'arrête, il pense puis il ne pense plus
il se jette à terre, à plat ventre, il évite l'obus.

Adel s'abrite des fantômes furtifs
l'obus le cherche, vise sa tête.
Adel se cache derrière son ombre.

La tête de Adel marche
elle s'arrête, pense, puis ne pense plus
elle médite :
les plis des dunes serviront-ils la chair sémite ?
La préservent-ils des chimères
du subsistant ?

Virages sans mirages ni visages
même pas un nez, une bouche
joues sans pommettes
peut-être des grottes
les orbes creux des yeux
bordel d'Arabie plate !

Ni forêts ni collines que du sable nu
l'horizon s'approche à pas de géant
escorté d'oiseaux d'acier et de drones
qui rodent, sa tête plonge dans le sable
elle sème l'obus.

L'ombre chasse Adel
il se couvre de soleil
la lumière le blanchit
brouille ses repères
ses yeux courent
courent, ils s'arrêtent
réclament ses doigts.

Les doigts nettoient les yeux
les yeux s'accrochent aux phalanges
les supplient d'élire domicile.

Ses jambes exigent le visuel
protestent et se plaignent
de la navigation à tâtons
elles pensent, puis ne pensent plus
s'agenouillent, se prosternent, prient
les jambes esquivent l'obus
grâce à Dieu
s'exclament-elles.

La tête de Adel s'offusque
et gronde les jambes
que Dieu m'épargne sa grâce
plus jamais d'ingérence
dans mes affaires ici-bas.

Adel charme le sable
il se jette dans ses bras
il l'embrasse, le sable le couvre de baisers
Adel enlève ses sandales
il s'abandonne aux caresses de la silice
il couche avec le sable.

Il songe à l'essence du sable
le sable est-il une substance sans âme ?
Est-ce une âme sans esprit ?
Sans esprit ?
Voilà la saisie décisive
ça c'est intelligent.

Il est donc increvable
indifférent à l'impact des obus
se marier avec le sable
l'idée le séduit :
une descendance de petits siliceux
impossible à saigner
nul ne pourra désormais les pulvériser
les pépites de Sémites
ils le sont déjà.

Les effluves du café réveillent le sable
Adel se redresse, il quitte le lit du sable
Adel, en longeant le rivage
prend le sable dans ses bras
le sable marche pieds nus.

Le sable s'ébroue
Adel tombe
le sable sirote les restes du café
Adel s'agrippe à son cou
mais le sable le repousse.

C'est la vérité de l'heure
l'heure marche à côté du temps
la vérité n'a plus d'heure
l'heure galope à l'ombre de la vérité
Adel évite l'obus.

Un soleil de *plomb durci*
réchauffe les veines de Adel
les munitions fumigènes
fermentent dans son cerveau.
Le soleil regarde Adel
il le transperce puis le fige, à terre.

Sa raison chaude l'interpelle
sur sa nouvelle vocation
il veut désormais le quitter
le soleil
trop amoureux
trop collant !

Le soleil assomme Adel.
L'insolation !
Adel divague cherche de l'ombre
les palmiers carbonisés n'en font plus.
Le soleil vise Adel
il l'illumine, le dévoile
Adel crie à la trahison.

Amoureux excessif
trop proche, il l'étouffe
se débarrasser du soleil
ne sera pas une mince affaire !

Mais s'il l'emballe et l'exporte au Nord
il servira beaucoup mieux ses semblables.
Vendre du soleil
d'abord le mettre en canettes
et l'expédier outre-mer.

Le soleil mord Adel
mordu, Adel se réveille en sursaut
il sacre en sourdine, nique le soleil !

Ton peuple a soif réplique le soleil
il broie du noir goudron
secoue-toi, lève-toi, soulève les tiens.

Il n'est pas temps de faire la grasse matinée !
Tu te rattraperas pour une sieste
s'il reste un grain d'ombre
dans ton putain de pays.

II

Adel le printanier

Prise 1

Adel le Sémite a froid aux yeux
il a honte de son regard
n'ose plus afficher son faciès.

Qu'il est sénescent d'être Sémite
assommé par le sultan
moissonné par le tyran
mal dans sa peau au Sud
mal intégré au tissu du Nord !

Il a mal dans sa chair, une peau mauresque
d'une glaise dantesque diront des esprits
portés sur le fatalisme oriental.

Elle s'effrite et retombe en poussière
dont les yeux tournés vers l'ailleurs
scrutent l'autre ciel
mais des vents contraires
le poussent vers l'ascension.
Adel lévite, lévite, est-ce sa chance ?

Abusé, berné, dupé, trompé
un despote par là, un autocrate par ici
et une ruée sur l'huile noire
dont la parole bitumée s'évapore
aux cris des peuples affamés.

Longtemps
ses larges épaules supportèrent
dans le même élan
et le dromadaire royal
et le baudet général.

Adel travaille et se tait
il ne travaille plus et il se tait
il court du matin au soir et il se tait
il dort dans les tombes et il se tait
il porte un pays sur la tête et il se tait
sa nudité se tait, sa faim se tait, sa soif se tait
il entre et il sort de prison et il se tait.

Accueille, cœur ouvert
la chaine et le fouet du bourreau
sa loi martiale, son état d'urgence
son état de siège, son état d'exception
et il se tait, *ya bourab!*

Bandé, battu, brimé, faisandé, flagellé
humilié, lapidé, muselé, opprimé, rossé
et il respire *ya bourrab !*

Doigts cassés, portrait abîmé, bras brisés
mains écrasées, ongles arrachés, pieds pilés
poils brûlés, bouche tricotée, côtes broyées
et il respire *ya bourrab !*

Adel manque d'air malgré son immense poitrine.

Elle encaisse, des siècles durant, sans coup férir
les farces fumigènes des parrains souverains.
Une caisse qui résonne aux coups de marteau
elle compose, d'effroi, le gémissement de l'effaré
le croyant.

Adel se déchaine
son souffle printanier sème
les graines de la rébellion
apte à la révolte depuis deux mille ans.

Il ne se taira plus
plus jamais
le figurant ne se taira plus
le Sémite n'est pas né soumis
sa servitude n'est pas une fatalité
il crie : de l'égard, de l'égard...
en psalmodiant les versets de la dignité
il marche désormais à sa liberté.

Adel recouvre la parole
il gronde :
je ne crains plus le char de l'usurpateur
ni les fournisseurs de leurs risibles accoutrements.
Je ne crains plus les représentants de Dieu sur terre
ni les descendants de Dieu
ni ses porte-paroles autoproclamés.

Adel, un calame dont la pointe fendue
brise les mots creux
ceux qui imitent le chatoiement
des mirages édifiants.

La révolte éternelle ou le retour à la case départ.

Prise 2

Adel marche, il marche la tête haute
il rit, il court, il sourit
et il tape des pieds et des mains
il chante, il est libre, libre, libre
épousera-t-il la liberté ?
Une liberté arrachée par sa langue
du rocher impérial
il l'embrasse et la pose sur ses épaules.

Adel marche au centre de la chaussée
il parle, galvanisant les brindilles d'herbes :
sortez, sortez les œillets !
Décrétons l'éternel printemps
les bourgeons poussent
lancent leurs petits dans la rue :
soyez feuilles, fleurs, fruits, répandez vos arômes !

Fini le règne des rats
les pillards, les malfrats.

Adel cherche la société
la société le fuit
il lui court après
la société rejette ses avances
Adel se jette à terre
à genoux, il supplie la société
la société l'ignore.

Adel montre ses papiers
la nation dévore ses papiers
il sort son identité de son cœur
et il la mange.

Adel s'enfonce torse nu dans le printemps
ciel, ciel scandent les minarets
le ciel descend à pied
le jour tombe
Adel l'attrape par la nuque puis par les hanches
il le serre contre sa poitrine.

Adel se dégage de l'étreinte du ciel
Adel d'un coup de pied renvoie le ciel dans l'air
il glisse le jour dans sa poche.

La révolte décrète le voile
comme étendard de la jeune liberté
il faut la protéger du mauvais œil.

Est-ce la brume ?
Adel ne distingue plus
les traits de ses frères.
Est-ce l'aurore ?
Est-ce le crépuscule ?

Les barbes parlent
parlent fort dans l'oreille de Adel
Adel rase son oreille
Adel met le feu dans sa baraque
il se jette à la mer.

III

Adel et la mer

Prise 1

Du haut de son Atlas
Adel évalue l'étendue marine
le séparant de l'horizon libre.

Analysant les dessous de son projet
il dissèque les feuillets de son épaisseur
consulte les cartes de la généalogie de l'exil
son relief, ses arêtes et ses abysses.

Un détroit, il le franchira
en une brassée et deux enjambées
estima-t-il.

Les prémisses de la traversée
semblent s'appuyer sur une évidence
les eaux marines, gorgées de sels
tendent à soutenir le corps sémite
l'argument est impeccable
il flottera, il atteindra les côtes adverses
il arrivera mûr sur les rives du Nord.

Il se voit déjà
dans les bras de la blonde liberté
avec ses droits humains illimités
et l'opulence de sa démocratie.

Il criera, songea-t-il, il criera
en épelant les lettres de la hargne
qu'il a accumulée des siècles durant
il dira tout ce qu'il voudra
il s'exprimera en long et en large
et il videra ses tripes chez le voisin du Nord.

Même si personne ne l'écoute.

La mer se tient verte
et non avenante devant lui
grosse, serait-elle bienveillante ?
Il pense à ce mur d'eau
l'escaladera-t-il à mains nues ?

Il se rappela les péripéties de son ancêtre
Tarek
il a bien traversé son détroit
mais, lui, c'était en conquérant
se ravisa-t-il.
Adel pense au refuge
demandera-t-il l'asile ?

Quel étrange destin que celui du Sémite !
S'exilera-t-il sur les terres
des conquêtes de son ancêtre ?
En victime de sa descendance ?
En mendiant ?
En illégal ?
En personne ?

Quel absurde retournement
que celui de l'Histoire !
Le temps tourne-t-il en rond ?
Circule-t-il à bicyclette ?

Avons-nous perdu le Nord ?
Qui l'a permis, d'abord ?
L'ampleur du turban ?
L'orgie de la dévotion ?
Ou celle de l'indigence ?

Avons-nous raté l'avion ?
En retard ?
Quoi ?
Comment ?
Quand ?
Qui nous a retenus ?

Quelle fêlure ?
Quelle faille a-t-on creusée
de nos propres mains ?
Servira-t-elle, au moins
De voie ferrée à notre *Mahdi* ?

Adel tente le large
une brassée de pensées tendres
c'est-à-dire amicales l'habite
comme offrande à Yam
— divinité du chaos et de la mer —
et une brassée d'espoir
se déroule sur l'eau
comme un tapis de pétales
pour son voyage.

Adel prend la mer
il lance une main puis une autre
puis une autre
un bras puis un autre
puis un autre
cela veut dire qu'il nage
il nage seul
l'univers est seul aussi.

Adel fait la planche
il pense à la dérive des choses
aura-t-il la faculté du tronc d'arbre
ou son habilité à flâner sur l'eau?
Serait-il plus lourd que l'eau?
Coulerait-il s'il se laisse aller?

La mer prend Adel
elle chatouille les poils de sa chair
ses poils sourient puis rient.
Adel salue la mer, son alliée se disait-il.
Elle ne voudra pas le froisser
ni l'abandonner sur le récif.

Il se jette dans la houle
la mer rejette Adel sur la grève
trop chétif l'apprenti navigateur
trop léger, la houle le renvoie sur le sec.
Trop sec le terroir
il lui brûle la plante des pieds
il récidive s'il vous plait !

Adel suit du regard le vol des mouettes
il soupire : ah, si j'avais des ailes !
Puis il médite :
personne ne demande aux oiseaux
leur lettre de mer !
Pourquoi, lui ?

La mer se calme, Adel change de stratégie
une vraie planche ferait l'affaire
Adel embarque, il rame sans rames
ses mains rament, ses pensées rament
son espoir rame avec ses ongles.

Ballotés, l'homme et sa planche
les bras de Adel s'affolent
ses sentiments fulminent
sa volonté frétille et sa conviction s'effrite
les oiseaux appuient
sa ferme volonté de voler
de ses propres idées.

Déséquilibré
par les grotesques acrobaties des vagues
Adel sermonne le fluide.
Calmez-vous s'il vous plait.
Couchez, couchez, je vous en prie.
Les eaux n'écoutent pas Adel.
Bordel d'eau hystérique
arrête ton numéro
il est ridicule !
Il n'y a aucun public
pourquoi tu te tortilles
pour qui tu t'exhibes ainsi ?
Tu ne vois pas que nulle âme
ne respire à mille lieues de notre arène !

L'amadouer
et s'il lui raconte son histoire
elle s'attendrira peut-être
elle le croira et l'aidera à traverser
mais personne n'a jamais parlé à l'eau.

Comment va-t-il s'y prendre ?
Dans quelle langue faudra-t-il se lamenter
et négocier sa pitance ?
Pitoyable !

La mer, la vague et le vent
en concert fracassent l'équipage de Adel.
La mer ne transige pas sur les principes.
Le marin ne quémande pas
il ş'impose !

Adel bat en retraite
il revient sur le rivage
il pense à l'alternance des vagues
l'une remplace l'autre
puis il ne pense plus.

Il ne renoncera pas.

Prise 3

Adel ne peut plus regarder en arrière
demeures et joies calcifiées
englouties sous mille strates d'interdits.
Il se motive, il exhorte les poils de son essence.
Montrez votre abnégation !
Persévérez, bordel de bon Dieu !
La mer saura vous reverser sur l'autre rive.

Et si j'offre un petit *bakchiche* à la mer
elle s'exécutera peut-être !
Adel pense puis ne pense plus
peut-être un radeau
il tiendrait mieux la mer.

Adel n'est pas homme de mer
il l'admet, mais volontaire en latence
sa devise est décisive :
vivre en dignité ou périr sans lignée.

Jamais deux sans trois, se dit-il.

Le radeau s'éloigne des côtes
glisse euphorique
il l'appelle Tarek
en l'honneur de son ancêtre.

Sa plage d'enfance
s'évanouissait derrière lui.

Il a une mer à apprivoiser !

Adel est au large, il exulte
il respire à pleins bras l'air du large
ses yeux respirent, ses doigts respirent
sa parole respire également.
Il parle, il parle tout seul
Adel s'assoupit
le soleil réchauffe ses espérances.

Adel marche sur l'eau, il court
ses jambes courent, ses yeux courent
la tête de Adel court aussi
arriver, arriver indemne et entier
plus vite, plus vite…

Adel ne s'étonne pas qu'il marche sur l'eau
d'autres avant lui l'ont fait.
Adel, est-il un saint?
Il le croit durant un laps de temps.

Adel chante
seul et il danse
seul et il chante
mer, amour, ne sois pas amère
mer, plonge dans le miel de mes iris
navigue et nage à ta guise
avec ou sans gilet de sauvetage
vogue sans crainte dans le blanc de mes yeux
mes larmes sauront t'accompagner
partout où tu désires échouer
pardon, partout où tu désires t'établir.

Adel a soif, le sel n'étanchera pas sa soif
il est libre, mais sans viatique, résistera-t-il?

En pleine mer, la mer monte
elle ébranle le radeau de Adel
Adel chavire, la vague tressaille
Adel se réveille, il sacre
putain de mer d'enragée
il se relève, il fait surface
demande pardon, supplie la vague.

La vague l'ignore, elle s'excite et se démonte
elle le tance, Adel chancelle
il demande à débarquer
mais la vague ne comprend pas son dialecte.

La folle est déchainée
elle est indomptable, songea-t-il.

D'une mer de sable
à une mer de mirages
est-ce la fin du Sémite ?

Non ! Non !
Adel s'agrippe à l'eau
l'eau lâche Adel, libre, Adel pense :
ou tu bouges ou tu coules !

Et les mains et les bras à quoi servent-ils ?
Crampe, crampe hurlent les membres.
Et mes pensées et mes rêves et mes espoirs
à l'eau dirent-ils en chœur.

Et moi, et moi… suis-je arrivé ?
Une épave, une épave à la dérive ?
Naufragé ? Et Dieu qu'est-ce qu'il fait ?

La musique des vagues accompagne
le dernier souffle de Adel :
« adieu la terre, adieu ma mère et adieu
    les cafards ».
Il danse et pense à la promise
il ne pense plus.

La mer caresse les joues de Adel
la mer adore Adel
la mer épouse Adel
la mer avale Adel.

IV

Adel et le vent du Nord

Prise 1

Décembre, l'air n'est plus avenant
le vent, toutes griffes dehors
pourchasse Adel
gelées, les mains de Adel se craquellent
elles sacrent en silence
ses doigts givrés, tremblent
ses ongles ne parlent plus
Adel se love dans les plis de l'air.

Il pense, il pense vite
vite un abri pour l'hiver !
Il fait froid dans sa tête
et il vente par-dessus le marché.
Écorchées, ses pensées partent dans le vent.
Mouillé, son esprit se regarde
il cherche sa mémoire
à essorer dans le vent.
Adel court après le vent
sa pensée court dans le vent.

Le vent tourne
Adel sacre, putain de vent
le versatile, il ne tient jamais parole
Adel crie au voleur, au voleur
le vent lâche sa tête
Adel ramasse sa pensée.

La pensée se jette dans les bras de Adel
il l'embrasse
et la glisse dans sa poche intérieure
bercée, sa pensée s'endort.

Le vent redouble de férocité
Flagorneur imbécile
il arrache les papiers de Adel
il les éparpille dans la cour
les idées de Adel s'envolent
rejoignent les papiers.

L'effronté, il s'amuse
il jongle avec mes idées
Adel qualifie le vent de cinglé.
L'effaré, il est une brise l'été
et un brise-visage l'hiver
sans mesure ni tact, intempestif
ses intrusions ne s'embarrassent de rien.

Une bourrasque le jette à terre
les quatre fers en l'air
Adel rampe, ses pensées rampent
elles se mettent à gémir.

Sans idées, Adel, le sans-papier
pense à un gite de fortune.
un refuge, un gourbi, une guitoune, une caverne.

Adel pense à une embuscade
il monte une embuscade.

Adel aborde le policier
il dépose une plainte contre le vent
le vent me gifle sans cesse
pour quelle faute suis-je ainsi puni?

Je n'ai jamais fait de mal à personne
ni au créateur ni à ses créatures
pour quel délit me fouette-t-il
qu'ai-je fait pour subir cette sentence?

Le policier lui demande ses papiers
Adel montre le vent du doigt.

Le policier s'offusque
Adel entre en colère puis il pense en colère.
Le policier le sermonne :
articule, articule…

L'écervelé, il se croit tout permis
il m'empêche de dormir.
Cette espèce d'obstiné
de voyeur et de traitre
il emporte mes couvertures, efface mes rêves
il ne commerce pas avec l'humilité.

Le policier apostrophe Adel, il faut circuler, dit-il.
Le vent circule et encercle Adel qui se défend :
— Pourquoi me regardes-tu d'un œil méprisant
raciste primitif, le délit de faciès, tu me le payeras.
Je te frappe au tibia, ce sera ta peine et je suis
indulgent, dans d'autres contrées tu recevras un
coup de pied entre les jambes.
— Fais attention, je vais te coffrer pour manque
de respect à un agent de l'ordre dans ses fonc-
tions.
— Quel est ton matricule d'abord ?

Le policier bouscule Adel.
Adel se jette sur le policier,
il lui assène un coup de pied au tibia.
Le policier crie, il frappe Adel à la tête.
Adel lance un deuxième coup sur l'autre jambe.
Les deux tibias touchés.

Adel pense à trois mois de Prison.
Mais deux tibias ce n'est pas suffisant.
C'est ce qu'il lui a dit l'exilé.
Un coup de tête à la face de l'homme de paix
mérite trois mois de gite gratuit.
Nourri, logé et blanchi aux frais de l'État.

Adel se relève et lance sa tête sans idées
au visage du policier.
Il cherche un abri.

Prise 2

— Quelle est votre version des faits ? Dit le juge.

— Je suis une présence incurable,
victime de ma propre existence.
Mon faciès a attiré l'homme de loi.
Il m'interpelle dans des termes sans majuscules.
« Eh toi, viens par ici
pourquoi tu respires l'air des nantis ?
Tu causes un préjudice aux honorables citoyens.
La flânerie est interdite dans ces parages. »

Oui
j'ai donné un coup de pied dans le tibia du policier.
Je l'ai averti que je ne suis pas armé
je lève les bras avec les mains
et je laisse apparaître toute mon indigence.
Je vous parle en démuni, vous pouvez chercher,
je vous donne le droit de m'inspecter et de me
        fouiller.

Quand il s'est approché,
je lui ai donné un deuxième coup au tibia.
« Cela va te coûter cher, hurla-t-il. »
J'ai dit combien. Il a dit deux mois.
J'ai fait mes petits calculs
deux mois, je sortirais au mois de février
mais février est le mois le plus rasoir de la
région.

— Et alors !
— Je lui ai asséné un coup de tête au visage
parce que je cherchais trois ou quatre mois de gîte.

Le juge délibère puis il décrète :
« Deux coups de pied et un coup de tête
cela fait deux mois de prison. »
Adel s'insurge contre la sentence
il exige trois mois et plus.
Le juge est catégorique : « deux mois, c'est deux
mois ».

Adel réfléchit en silence puis il s'enflamme :
Et si j'insulte ta mère et ton père et ta nation
et tous les aventuriers usurpateurs des terres
    d'autrui !
Le juge le somme de se taire
et ajoute 30 jours de prison pour outrage à
    magistrat.

Adel enchaine : je vous emmerde tous, et j'emmerde votre chef et le chef de votre chef et le
Dieu de vos deux chefs, le provincial et le fédéral.

— Toujours trois mois
tu peux gueuler comme tu veux, ici
tu es dans un pays libre
tu as le droit de t'exprimer.

Hurle comme tu l'entends
jusqu'à l'extinction de ta voix
mais personne ne t'écoutera,
ils peuvent bien entendre le bruit de ton agonie
cela ne les dérange pas trop
tant que tu n'emploies pas un gros mégaphone.
Alors trois mois, c'est ma dernière offre.

Adel sourit et accepte l'offre du juge en déclarant :
Je vous souhaite de passer un hiver doux
et prions tous ensemble que sa fin soit précoce.

Prise 3

L'offre du Ciel :

Si tu as du blé, tu auras de l'orge sinon tu reste-
ras chez toi, tu rêveras de la blondeur du blé ou
tu regarderas la télévision, des fois qu'on diffuse-
rait des images de blé, tu les contempleras alors
à ta guise.

Repères

Des extraits de la première partie de ce recueil
ont été publiés sous une forme légèrement diffé-
rente à l'automne 2011 dans le numéro 90 de Art
le Sabord, dans un dossier thématique autour de
la « Renaissance ».

Table des matières

Liminaire 7

I   Adel et le drone impérial 9

II   Adel le printanier 21

III Adel et la mer 35

IV Adel et le vent du Nord 63

Cet ouvrage composé en ATBasilia corps 11 a été achevé d'imprimer le .... deux mille quatorze sur les presses de Marquis Imprimeur, pour le compte des Éditions Beroaf.

Imprimé au Québec (Canada)

9 782924 206010